目次

4 私たちの
世界へようこそ
ライアンと浩平のコーヒートーク

10 アーティストたちの
作品集
世界中のバリスタ・アーティストが
素晴らしい技を披露

18 第1章
バリスタの基礎
基本の技術
基本の定義

28 第2章
ステンシルを使ってみる
どんなパウダーを使うのか？
ステンシルを使ってみる
マイステンシルを作ってみる

第3章
フリーポア
ソリッドハート、レイヤーハート、リーフ、
基本のチューリップ、マルチリーフ、
スワン、リース、ハンギングハート

38

第4章
エッチング
チョコレートソースによる装飾、
チョコレートソースで描く星、
ライン・スワール、バタフライ、テディベア

60

第5章
3Dラテアート
ハロー・バニー、アニマル・パーティ、
クラシックカー、お昼寝するパンダ、
雪だるま、ボート、富士山

76

クレジット **96**

ライアン・セーダー

私たちの世界へようこそ

　僕はコーヒーが大好きです。みなさん、コーヒーを楽しむことは儀式に等しいんです。

　僕たちはコーヒーを静かな早朝にかしこまって飲んだり、友人や仲間と集まる理由づけに使ったりします。日中にさらなる追い込みが必要な時や、心を落ち着けたい時に飲むこともあります。率直に言えば、コーヒーは純粋においしいのです。

　僕は過去13年にわたり、業界最高といわれるコーヒーメーカーで働いてきました。バリスタの大会に参加し、技術の指導者にもなり、コーヒーを違った角度で楽しむ分野に参入しました。もちろんその中には、コーヒーを味覚と同じくらい、ビジュアル面でも魅力的に魅せることも含まれています。いわゆるラテアートです。

　ラテアートは見とれてしまうほど美しく、習得ができればとても楽しいものですが、それだけではありません。最上級の気配りによって作られたコーヒーが、飲む人たちに感動を与えるのです。

　また、ラテアートは謙虚になるためのレッスンでもあります。なぜなら、滅多に思い描いた通りにならないからです。すばらしい仕上がりだったとしても、その喜びは束の間のものに過ぎず、ラテアートなど気にも留めないお客様が気に留めず飲んでしまうかもしれません。

　僕はこの本を通じて、コーヒーやラテアートの楽しみを読者のみなさんと分かち合えることにワクワクしています。もし、僕たちにある日のある時、同じ場所で出会ったら、どうかコーヒーを片手に挨拶してください。

松野浩平

私たちの世界へようこそ

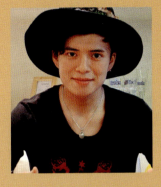

　東京在住の松野浩平です。僕は2015年の「アニメラテアート王選手権」をはじめ、3Dラテアートで数々の賞をいただきました。
　しかし、実際のところ、3Dラテアートはフリーポアの失敗から生まれたのです。失敗した時、そのままあきらめるのではなく、「残ったフォームミルクでクリエイティブに遊ぼう」と思ったのが誕生のきっかけでした。カフェラテの上にフォームミルクでアートを造り上げる方法なんて、当時は誰も知りませんでした。だから、最初の何杯かはすごく時間がかかり、見栄えも悪かったです。フォームミルクでかわいい動物などを作れるようになるまで、数えきれないほどの試行錯誤を重ねました。そして、3000杯あまり作りました。今ではテレビにも出て、世界中のコーヒー愛好家から支持されるようになりました。
　僕の作品は映画やアート作品、ファッション、セレブやアニメなどの影響を受けており、僕個人は老若男女にかかわらず観客に驚きや笑顔をもたらすことが大好きです。
　3Dラテアートがコーヒーの世界で最も旬のトレンドとなり、世界中のバリスタがこの技術を通じて、コーヒーにまったく新しい一面を加えていることを嬉しく思います。

フリーポア

フリーポア（P38〜P59参照）は真の技である。
これぞプロのバリスタの技だ。ハート、チューリップ、白鳥など多種多様な絵柄を作れる。

ジビ・リトルがフリーポアで
描いたチューリップ。
レイヤーのスペースが
素晴らしい。

イアン・チャグンダは
チューリップの絵柄を
フリーポアで描く際に、
幾層ものレイヤーを
重ねている。

作品集

アラン・チャンがフリーポアで描いた、波のようで密度の高いチューリップのレイヤー。見ていて楽しく、かわいらしい作例だ。

シメオン・ブリッカーによるユニークなアート。リーフ模様がいくつも描かれている。

エッチング

エッチング（P60〜P75参照）とは泡状の表面に描いていく手法だ。一部のバリスタは、シロップやチョコレートファッジソースを使ってデザインを行なう。

マイケル・ブリーチが
エッチングで描いた
自転車のアート。
複数個のカップを
用いている。

松野浩平による、
かわいらしい猫のアート。
猫の部分はチョコレートソースで、
影の部分やカップのきれいな線は
エスプレッソで描かれている。

ギャラリー

松野浩平による面白いデザイン。コーヒーにハマってしまったことに新たな意味を見出しているかのよう。

松野浩平がエッチングで見事に再現した、ヴァン・ゴッホの『星月夜』。

エッチングとフリーポア

カップに流し込んで描くフリーポアと細かい部分を描けるエッチングの強みを組み合わせれば、素晴らしいアートを作ることができる。

フリーポアで描かれた白鳥にエッチングで装飾を加えた、シメオン・ブリッカーの作品。

ジビ・リトルはフリーポアとエッチングの手法を組み合わせて、この華麗な動物を描いた。

エッチングとカラーリング

エッチングのデザインにシロップと食品着色料を加えると、
ラテアートの世界の可能性はいっそう広がる。

エッチングによって
世界が思うままになるとするなら、
レストラン「ベルコルノ」の店長、
伊藤雄一は最もその言葉に相応
しい人物だろう。

ナウトゥ・スギは
エッチングの技法を駆使して、
葛飾北斎の『富嶽三十六景』
を再現した。

3Dラテアート

カップから立体的に飛び出た、
インパクトのある3Dラテアートを作ってみよう！（P76〜P95参照）

松野浩平による作品。
タコの足がカップから
はみ出ている。

ナウトゥ・スギによる作品。
サメが襲いかかってくる
かのような3Dラテアート。

作品集

最高にかわいいアートと言っても大袈裟ではない。3Dアートによって、ドリンクが思いっきりかわいらしくなった。ナウトゥ・スギ、これは傑作だ。

ナウトゥ・スギによるキリンの3Dアート。今までにない高さに到達した。

第1章
バリスタの基礎

画家は絵を描く前に、絵具の混ぜ方やキャンバスの準備を学ばなければならない。これと同じ理屈で、まずはおいしいエスプレッソの淹れ方やスチームミルクの作り方を学ぶ必要がある。ラテアートはドリンクの一要素に過ぎない。したがって、どんなに注ぎ方が上手でも、ミルクが泡っぽくて重たかったり、エスプレッソが水っぽく薄かったりしたら意味がないのだ。しかし、クリーミーなミルクと濃くて深みのあるエスプレッソが揃えば、美しいラテアートはでき上がったも同然である。

バリスタの基礎

基本的な技術

見栄えのよさだけでなく、おいしいドリンクを提供することが1番大切だ。そのことを忘れてはならない。

ピッチャー選び

本書に掲載されたデザインはすべて、注ぎ口の付いたピッチャーで作ることができる。冷蔵庫から取り出したミルクをピッチャーに注ぎ入れることからはじめよう。ドリンクを入れるカップで必要なミルクの量を量り、ピッチャーに注ぐ。ピッチャーの半分くらいまでに収めるとちょうどよい。ピッチャー内のミルクの量が半分を超えると、こぼさずにスチームするのはむずかしい。また、ミルクの量が1/4以下だと撹拌する際のコントロールがむずかしく、ミルクがうまく泡立たない場合がある。

エスプレッソを淹れる

挽きたてのコーヒーの粉をフィルターにこんもりと入れる。粉をならし、余分なコーヒーを払って、タンパーで均等に押さえ付ける。肝心なのは、コーヒーの間を湯が均等に通るように、コーヒーの粉から空気をすべて抜くこと。コーヒーの層が均一でなかったり、詰め方が不均衡だったりすると湯がコーヒーの層の薄いところを通ってしまい、水っぽくて薄く、苦いエスプレッソになってしまう。

調整をする

フィルターをセットし、ボタンを押して淹れる。25〜30秒かけて45〜60mlのエスプレッソを抽出するのが目標だ。45mlを抽出するのに30秒以上かかったら、豆の挽き方をもう少し粗めにして、水がもっと早く通るように抵抗を減らす。目標の範囲内になったら、もっと濃くしたいか薄くしたいかを判断しよう。45mlのエスプレッソは60mlのエスプレッソより濃く、粘りがある。理想の量を抽出するまでに時間がかかるほど、エスプレッソは熟し、攻めた味わいになる。

バリスタの基礎

コーヒーを均一に入れたら、タンパーを使って、コーヒーが押し戻ってくるまで均等に押さえ付ける。

コーヒーの間を湯が均等に通るように、コーヒーの粉から空気をすべて抜く。

バリスタの基礎

ラテアートのためのスチームミルク

❶ スチームノズルの先端は完全にミルクの中に沈めた状態にしておく。スチームノズルはピッチャーの注ぎ口に置き、スチームノズルがピッチャーの中心から少しだけずれた位置になるよう、ピッチャーを少し傾ける。

❷ ミルクの温度がわかるように手をピッチャーの側面にあてながら、スチームを全開にする。そしてスチームノズルから出る下向きの力によってミルクに空気が入るようにピッチャーを下げる。これより後で攪拌すると、硬くてラテアートを作りづらいミルクになってしまうので注意する。

❸ 適切な攪拌は、紙が破れるようなシューっという音がする。かん高い音が断続的にする場合は、ピッチャーを少し下げて空気がもっと入るようにする。もしテレビの砂嵐のような音がして、泡が出ていたら、ピッチャーを少し上げて空気を減らすようにする。

❹ 攪拌を止めるには、ミルクの表面とスチームノズルの先端を近づけること。この時点では、スチームノズルはまだミルクを対流させているが、攪拌音はもうしない。ピッチャーに触れられない熱さになるまで、この位置をキープしよう。

❺ スチームノズルを止め、ピッチャーを取り外す。そして、スチームを再度1秒間つけ、ノズル内に残っているミルクを除去すると同時に、ノズルの外側をふき取る。

❻ スチームした後、リッチで輝かしいフォームミルクの上にはいくつか泡が浮いているかもしれない。ピッチャーの底をカウンターに軽く打ちつけると泡が弾け、泡がなめらかで均一な状態になる。ミルクがフォームの層とその下の液体に分離しないように、注ぐまでミルクを混ぜておく必要がある。マシュマロのようにふわふわか、塗りたてのペンキのような見た目が理想的だ。

バリスタの基礎

スチームノズルはピッチャーの注ぎ口に置き、スチームノズルがピッチャーの中心から少しだけずれた位置になるよう、ピッチャーを少し傾ける。

ミルクの温度がわかるように手をピッチャーの側面にあてながら、スチームを全開にする。

基本原則

キャンバスとなるおいしく濃いエスプレッソと、塗料となる上手に泡立ったミルクの準備は整った。今から両者を組み合わせよう。絵を描くのと同じように、肖像画を描く前に筆使いの基礎を学んでおくのは大事なことだ。

ミルクの濃さ

ピッチャーの中のフォームミルクの濃さは、スチームする時に空気をどれくらい入れるかによって左右される。薄いフォームミルクはうっすらと表面に浮かんで見える。かたや濃いフォームミルクはずっしりとして、密でかたく見える。

高さ

ピッチャーの注ぎ口からカップの表面までの距離によって、いつデザインが浮き出るかが決まる。注ぎの前半はピッチャーをドリンクから少なくとも3cmは離したまま、カップの半分を満たす。これによりフォームミルクはドリンクの下へと沈み、表面に余計な跡が出ない。カップの半分が満たされたら、カップを傾け、ドリンクがちょうど縁に来るようにする。そしてピッチャーの注ぎ口は1cm以下の高さにくるよう低くする。こうすると、フォームミルクが表面を覆い、デザインができ上がる。

流し込む速度

注ぎ込むのが速すぎると、コントロールを失ってデザインがうまく描けない。反対に遅すぎると線がくっついてしまう。フォームミルクでカップを満たすにつれ、表面張力が強まる。したがって、表面張力の弱いデザインの描きはじめはゆっくりと注ぎ、表面張力が強まるのに合わせてスピードを上げる。これが一般的なやり方だ。

位置

注ぐ時にピッチャーの注ぎ口をどこに置くかによって、どんな線が出て、その線がどこを通るのかが決まる。真ん中から注ぐと、線はカップの真ん中から下の方に進み、円を描きながら屈曲してピッチャーの方へ戻る。片側から注ぐとカップの周りにらせん状の模様ができる。

バリスタの基礎

自分のペースをつかむこと！ 最初はゆっくりと注ぎ、デザインを描き進めるにつれてスピードを上げよう。

カップを傾けミルクを縁に近いところに注ぎ込むことで、表面にフォームミルクが浮きやすくなる。

ドリンクの上3cmの高さからミルクを注ぎ始め、その後注ぎ口をドリンクから1cmくらいの高さに下げて、デザインを作り上げる。

真ん中から注ぐか、片側から注ぐかの選択はスタイルとデザインに影響するので、注ぐ位置を考えよう。

毎回、注ぎの前半はカップにマーカーが引いてあると思って、カップをミルクで満たす。

きっと私はまたコーヒーが欲しくなる。

第2章
ステンシルを使う

カフェラテにデザインする方法のうちでも、最も簡単で繰り返すことができ、最もおいしいやり方はステンシル（型紙）とフレーバーパウダーを使うものだ。友達のためや特別な席に合わせて、いつでもテーマに沿ったデザインやオリジナルのデザインを作ることができる。ステンシルは取っておけるし、季節がめぐるたびに使い回すこともできる。さらに既存のステンシルに手を加え、リニューアルさせることも可能だ。

ステンシルを使う

パウダーとは?

　何よりも最優先すべきは味である。ゆえに、エスプレッソドリンクにフレーバーを加えるパウダー選びは重要だ。いろいろなフレーバーを組み合わせて、様々な味を楽しむことができる（それにカフェインも摂取できる!）。ちなみに、お試しに向いた代表的な組み合わせは次の通りだ。

　パウダーでデコレーションし、昔からのお気に入りを引き立たせる新しいフレーバーを探すのは実に楽しいことだ。食料品店に出かけて新しいフレーバーを調達し、躊躇せずにいろいろな組み合わせを試してみよう!

ドリンク	パウダー
ホットチョコレート／モカ	かんきつ果皮、ココア、カイエンペッパー
キャラメルラテ	海塩、焦がした砂糖、ココア
チャイラテ	クローブ、シナモン、カルダモン
ラテ	焦がした砂糖、ココア
アールグレイラテ	かんきつ果皮、ココア

パウダーとは？

キャラメルラテ
- 海塩
- 焦がした砂糖
- ココア

チャイラテ
- クローブ
- シナモン
- カルダモン

カフェラテ
- 焦がした砂糖
- ココア

アールグレイラテ
- かんきつ果皮
- ココア

ステンシルを使う

　パウダーとステンシルを使う時に大切なのは、デザインの
コントラストを保ちつつフレーバーのバランスを取ることだ。デ
ザインをはっきり出すためには十分な量のパウダーを使う必
要があるが、使いすぎてドリンク全体の味を邪魔したら本末
転倒である。デザインはドリンクのアクセントになるべきだが、
ドリンクの中心になってはならない。そのことを忘れないでほ
しい。誰であれ、ドリンクを飲んでいる最中に、パウダーの塊
を噛みたくないのだから。

　ドリンクの上のフォームミルクに触れないようにしながら、
表面のなるべく近くにステンシルをセットし、パウダーを15㎝く
らい上から優しく振りかけるのがコツだ。

　ステンシルをなるべくドリンクに近づけておくことで、線が
くっきりとし、デザインがはっきりと出る。パウダーのシェイカー
を高い位置から振ることによりパウダーがばらけて、塊になら
なくなる。最も簡単な方法はドリンクを少なめに注ぎ、ステン
シルをカップの上に置いて使うことだ。カウンターがパウダー
で汚れないように、必ずマットやソーサーをカップの下に引く
ようにしよう。

ステンシルを使う

自分のステンシルを作る

　本書には、巻末にすぐ使えるステンシルのデザインが付いている。ただし、それらを使うよりも自分ならではのオリジナルを作ったほうが楽しい！

　いろいろな素材があるが、紙は1か所を切るデザインに最適だ。たとえば、雪の結晶のデザインは、子供だった頃に学校でやったように紙を2つ折、または4つ折にして多角形を切り取ればできる。このやり方は、幾何学模様やステンドグラスのようなデザインの時にも応用できる。

　長持ちするステンシルを作りたければ、頑丈な素材を使うとよい。たとえば、薄いプラスチック板など。はさみを使ってカップより少し大きい丸に切り取り、クラフトナイフで好きなデザインに切り取っていく。紙を折って切るよりも時間はかかるが、デザインの自由度は広がる。

　フレーバーパウダーを使いすぎないように、大きすぎる穴をいくつも作らないデザインにしよう。たとえば、大きなハートをステンシルの真ん中に作ったら、ドリンクの表面がパウダーに覆われてしまう。その代わりに輪郭だけ切り取るか、または交差した輪のレイヤー（層）を使えば、パウダーを使いすぎることなくアイデアを形にできる。

ステンシルを使う

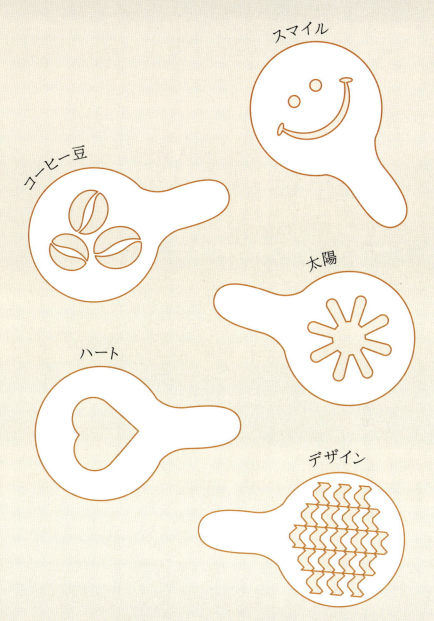

第3章
フリーポア

フリーポアとはコーヒーにフォームドミルクを注ぐ際にデザインを作り上げるすごい技だ。ハートやチューリップ、白鳥など様々なデザインを作ることができる！ 必要なものは濃いエスプレッソと白くクリーミーなフォームドミルク、ピッチャーと安定した手だけ。基本のデザインを学び、それらを組み合わせたり、即興で作ることによって自分だけのユニークな1杯を作ろう。

フリーポア

フリーポアの
すべて

フリーポアでの
ラテアートはプロのバリスタ
の定番となっている。
その大きな理由は、
ことさら時間をかけずに、
ドリンクを注ぐ際にデザイン
を描けるからだ。

フリーポアのすべて

カウンターにドリンクを置きっぱなしにすると、徐々に味が落ちていく。おいしさを保ちつつ、美しいデザインを描く唯一の方法がフリーポアなのだ。ラテアートはあっという間にでき上がり、一度完成したデザインを固定する方法がない。このため、技術を身につけるのは非常にむずかしいが、うまくいった時にはこの上なく美しく仕上がる。

フリーポアのデザインはいずれも、カップを傾け、その縁から少なくとも3cm上の高さから注ぐことからはじまる。そうすれば、準備が整う前にうっかりして液面に何かを描いてしまうことはない。くっきりとした白いデザインを描き始められる状態になるのだ。カップの縁まで一杯になったらミルクを注ぐのを止め、ピッチャーの注ぎ口をカップの縁に付け、液面から約1cmのところまで近づけて、デザインを描きはじめる。それ以降の工程では、ピッチャーをずっとカップにつけながら行なう。

フリーポア
ソリッドハート

このデザインは、物事を複雑にしてしまう余計なものは一切含んでおらず、フリーポアの基本作業のすべてを学ぶことができる。シンプルだが一目でそれと分かり、強い印象を与えるはずだ。

ハートの縁がピッチャーの注ぎ口に届くまで、カップの中央に、非常にゆっくり注ぐ。

注ぐスピードを上げ、ハートの中身を満たしていく。速いスピードで注ぎながら、ピッチャーをわずかに前方に動かす。

ソリッドハート

3

カップが一杯に近づいたら、液面の3cm上の高さまでピッチャーを持ち上げ、手を止める。

4

ピッチャーをハートの底部に持っていき、とがった部分を描く。

フリーポア
レイヤーハート

レイヤーハートはハート（P42参照）から派生したデザインで、レイヤー状（層）となっていて、表面に凹凸感が加えられている。愛する人へ贈るのに最適なデザインだ。

 ピッチャーのミルクを揺り動かすために、ピッチャーを小刻みに左右に振る。ただし、ピッチャー自体は大きく動かしてはならない。こうすると、ミルクの流れがレイヤーを形成する。

1 カップの中央に適度なスピードで注ぐ。

3 最も外側のレイヤーがピッチャーの注ぎ口辺りまで達したら、注ぐスピードを速める。

レイヤーハート

4. 速いスピードで注ぎながら、ピッチャーをわずかに前方に動かす。

5. カップが一杯に近づいたら、ピッチャーを振るのをやめ、液面の3cm上の高さまでピッチャーを持ち上げ、手を止める。ピッチャーをハートの底部に持っていき、とがった部分を描く。

フリーポア
リーフ

リーフは最も描きにくいデザインの1つである。多くの動作を必要とする上に、正確にすばやく注がなければならないからだ。完全にシンメトリーで、すべての葉の間にすき間があるデザインが理想的だ。

1. カップの中央に適度なスピードで注ぐ。

2. ピッチャーの中のミルクを揺り動かすために、ピッチャーを左右に振る。

3. レイヤー（層）がピッチャーの注ぎ口辺りまで達したら、わずかに注ぐスピードを速め、カップの奥の方へ向かってピッチャーを動かす。

リーフ

4 カップの奥側へ持っていったら、ピッチャーを動かすのをやめて、注ぐスピードをゆるめてハートを描く。

5 非常にゆっくりと、ハートの真上、液面の3cm上の高さまでピッチャーを持ち上げる。

6 ゆっくりしたスピードを保ちながら、カップの手前に向かってデザイン上にセンターラインを引き、リーフを描く。

フリーポア

基本のチューリップ

チューリップのデザインは作るのが非常に楽しい。様々なバリエーションを試せるし、レイヤーを作る際にシンメトリーにならなくても修正するチャンスがあるからだ。チューリップのデザインはハートを重ね合わせたものだと考えるとよい。

1. ピッチャーの中のミルクを揺り動かしながら、カップの中央に適度なスピードで注ぐ。ミルクのレイヤーがピッチャーの注ぎ口辺りまで達したら、ピッチャーをわずかに前方に動かし、注ぐのを止める。

2. ピッチャーの注ぎ口をカップの奥の方に移動させ、レイヤーの真上にハート（P42参照）を描く。

3. カップが一杯に近づいたら、液面の3cm上の高さまでピッチャーを持ち上げ、手を止める。ピッチャーをハートの底部に持っていき、とがった部分を描く。

基本のチューリップ

レイヤーを加える

④ 手順②のところで、カップの奥の方にハートを描く代わりに、適度なスピードでレイヤーの真上からミルクを注いで、レイヤーを追加してもよい。

⑤ ピッチャーを液面に近づけ、ドットを作る。液面のスペースが許す限り、この工程を好きなだけ繰り返す。

フリーポア
マルチリーフ

注ぐ速さのコントロールやレイヤー(層)作り、
カップの動かし方やレイヤーを加える作業に慣れてきたら、
様々なデザインを組み合わせた新しいデザインで楽しもう。

1. カップの中央に非常にゆっくり注ぐ。左右にすばやくピッチャーを振り、細かいレイヤーを作る。

2. 1つ目のリーフが広がりすぎないよう、カップの奥の方へピッチャーをすばやく押し動かす。

3. ピッチャーがカップの奥に達したら、液面の3cm上の高さまでピッチャーを持ち上げ、手を止める。

マルチリーフ

4 デザインの上を通すようにピッチャーをゆっくりと動かし、リーフを描く。

5 ピッチャーがカップの手前まで届いたら、注ぐのを止める。

6 1つ目のリーフの両サイドで同じ工程を繰り返す。注ぐにつれて表面張力が強くなっていく。したがって、きれいな輪郭を描くためには、すばやく注ぎ、ピッチャーをより大きく動かす必要があることをお忘れなく。

フリーポア
スワン

スワンのように分かりやすいデザインを描くのは、"諸刃の剣"だ。
誰が見ても一目で分かるデザインは人を喜ばせることができる。
その半面、デザインに不備があると非常に目立つからだ。
このデザインで友人や家族を感動させられるよう、しっかり練習しよう。
身につけるまでに時間をかける価値はある。

1 まず、カップの端にリーフ（P46参照）を描く。ピッチャーをすばやく小刻みに振りながら、非常にゆっくりと注ぎ、細かいレイヤー（層）を作る。注ぐスピードはゆっくりのまま、カップの奥の方へただちに戻す。

2 ピッチャーがカップの奥に達したら、液面の3cm上の高さまでピッチャーを持ち上げ、手を止める。

3 ピッチャーをリーフの中央のラインに沿って動かす代わりに、カップの中央に最も近いラインに沿ってミルクを流す。その縁に沿ってリーフを描き、スワンの羽とする。

スワン

④
リーフの底部に達したら、ミルクを注いだまま、カップの縁までピッチャーを下ろし、スワンの胴体部分に当たるドットを注ぐ。

⑤
ゆっくりとしたスピードで注ぎ続けながら、ピッチャーをデザインの最上部に戻しつつ、リーフの逆サイドに持っていき、スワンの首を描く。ピッチャーの位置を変えずにスワンの頭を描く。

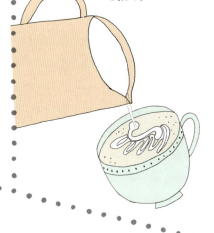

⑥
頭が完成したら、液面の3cm上の高さまでピッチャーを持ち上げる。ハートの上を通してミルクを注ぎ入れ、くちばしを描く。

フリーポア
花輪

カップを縁取るようにシンメトリーではない花輪を描いて、
この可愛らしいデザインを作ろう。
まったく正確な形にならなくても大丈夫。
気軽に楽しもう。

カップの側面に沿ってすばやく注ぎ、カップの中の液体を対流させる。液体がカップの縁に達したらピッチャーを下ろして、デザインを描き始める。

ピッチャーをすばやく左右に振って細かいレイヤー（層）を作り、速いスピードでカップの側面に沿ってリーフ（P.46参照）を描く。

花輪

デザインの最上部に達したら、液面の3cm上の高さまでピッチャーを持ち上げ、手を止める。リーフの中央のラインに沿ってゆっくり注ぎ入れ、リーフを描く。

カップが一杯に近づいたら、リーフを作るのと同じ要領でデザインの最上部へピッチャーを動かす。

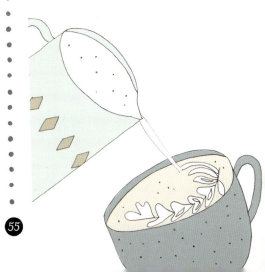

フリーポア

ハンギングハート

ハンギングハートには楽しみが溢れている。
デザインに大きな意味はないし、意味づけは不要だ。
このデザインは様々な要素を組み合わせたもので、
ハートがリースにぶら下がっているように見せている。

ハンギングハート

1 カップの側面に沿ってすばやく注ぎ、液体を対流させる。

2 カップの縁までピッチャーを下ろし、カップを縁取るようにリーフ（P46参照）を描く。

3 カップを縁取るようにリーフを描いたら、ピッチャーをデザインの最上部に戻して注ぎ続けながら、リーフを描くのではなく中央にハート（P.42参照）を描く。

4 ハートが完成したら、液面の3cm上の高さまでピッチャーを持ち上げ、手を止める。ピッチャーをハートの底部に持っていき、とがった部分を描く。

BEHIND EVERY SUCCESSFUL PERSON is a *substantial* AMOUNT OF COFFEE

成功者の陰には、相当な量のコーヒーが存在する。

第4章
エッチング

エッチングは、先のとがった道具で泡状の表面に模様を描く手法だ。高度なスキルを必要とせず、シンプルな幾何学模様をすばやく描いたり、フォームの中に大画家の作品を再現したりできる。デザインを鮮やかにして、ドリンクに甘さを加えるには、チョコレートやキャラメルのソースを使うとよい。

エッチング

エッチングの すべて

エッチングはフリーポアより時間が
かかるため、忙しいコーヒーバーで
は滅多に見られない。しかし、イマ
ジネーションを駆使して自分が思い
描くものをカップの中に作り出せる
手法だ。フリーポアによるアートに
細かな部分を加える意味でも、家庭
でゼロから自分ならではのオリジナ
ル作品を作れる意味でも、エッチン
グは理想的な手法である。

エッチングのすべて

エッチングは、ちょっとした道具で始められる。ドリンクのトップに浮くフォームミルクを巧みに扱うために、長くて先のとがった道具（エッチングツール）が必要になるだろう。その意味で、ミルク用温度計は活用できる。ドリンクの温度を確認するのに使い勝手がよく、この類の作業には非常に役立つからだ。先のとがった物なら何でも構わない。大きなつまようじ（ミント味じゃないことを要確認！）、小さなガラス製のドライバー、先のとがった箸、アイスピックなどだ。

チョコレートやキャラメルのソースを用いてデザインを描くならば、先のとがったスクイズボトルも必要になるだろう。スクイズボトルがあれば、ソースをかける際にコントロールしやすくなり、自分の思い通りにフォームの表面にソースをかけることができる。

他に手元に用意する物は、作業の合間に道具をきれいに拭くタオルだ。フォームを扱うたびに、ドリンクの色が道具に付いてしまう。そこで、色が意図せぬ場所に付いてしまわないよう、ドリンクに触るたびに道具をきれいにするのだ。

必要な時にすぐ使えるよう、すべての道具を手元に揃えておこう。用意し忘れた物を探している間、ドリンクをカウンターに置き放しにして味を損なわせるのはよくない。

エスプレッソを使う場合は、どんなソースもドリンクの表面に浮く暗い色のクリームに打ち消されてしまう。このため、アートを描く際は注ぎ口を液面に近づけて注ぎ、ソースが引き立つようにベージュなどのやわらかい色のベースを作っておこう。一方、ホットチョコレートやチャイ、あるいはエスプレッソを含まないドリンクの場合は何も気にせず、自分の好きなように、はっきりとしたデザインを描けばいい。

エッチング

チョコレート ソースでの装飾

制限のある状態でドリンクにソースをかけるのに慣れるためにも、手際よくデザインを描くために求められる様々な動作を練習するためにも、フリーポアのデザインを装飾するのは最良のやり方だ。

① ハート（P42参照）もしくは自分の好きなデザインを描く。

② カップの手前からハートの両サイドにソースでラインを引く。

チョコレートソースでの装飾

3 エッチングツールを用い、右側のソースのラインに沿ってバネを描くように反時計回りに渦を描く。

4 左側のソースのラインに沿って、時計回りに渦を描く。

エッチング

チョコレートソースで描く星

チョコレートソースだけで星形を描いてみよう。この基本テクニックをマスターすれば、もっと複雑なデザインを即興で描けるようになる。

1 チョコレートソースを用いて、カップの中心に直径2.5cmの小さな円を描く。その内側には直径およそ1cmの円を描く。

2 デザインを沈めてしまわないようにわずかに持ち上げ、円の中心からカップの縁へ向かってデザインを広げる。

3 手順②をコンパスの各方位(北、東、南、西)で繰り返す。

チョコレートソースで描く星

4

2つのとがった点を結ぶラインの中で適当な場所を選び、カップの縁近くからエッチングツールを円の中心まで走らせる。

5

北東、南東、南西、北西のコンパスの各中間地点で、手順④を繰り返す。

6

内側の円の各ポイントを寄せるため、エッチングツールを円の中心に置く。そのまま上に持ち上げてコーヒーから離し、4つの角が中心に集まるようにする。

エッチング

ライン・スワール

非常に簡単だが、非常に印象的なデザインだ。
皆、どうやって作ったのかと考えあぐねるほど凝っているが、
実はとても簡単である。

ライン・スワール

1
チョコレートソースを用い、好きな数のラインを表面に描く。

2
カップの上から下までまっすぐ、エッチングツールをラインの上を走らせる。

3
カップの下までエッチングツールを走らせたら、エッチングツールをそのままUターンさせ、手順②で通したラインの隣に逆方向からラインを描いていく。これをラインの終わりまで何回か繰り返す。

4
カップの端まで届いたら、角を作るためにエッチングツールを上に持ち上げる。

エッチング
バタフライ

はっきりした形をエッチングで作るのはとても楽しい。
誰であれ、馴染みのあるデザインが大好きなのだ。
バタフライはエッチングに最適なデザインである。
なぜなら他の手法では描くことができず、
実際よりも複雑に見えるからだ。

ソリッドハート（P42）の手順①〜③でハートを作り、カップがいっぱいになるまで注ぎ続ける。これにより真ん中にくぼみができる。エッチングツールをくぼみの中心に浸し、ハートの白い泡を少し取る。

カップの奥のそばの中心からやや外れた位置から、エッチングツールをハートのくぼみに向かって走らせる。こうして2本の触覚を描く。

ハートの上部の角のくぼみ部分からエッチングツールを上に向かって走らせ、蝶の前翅（上の羽）の部分を作る。

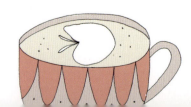

バタフライ

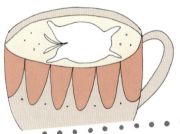

4 エッチングツールを下部の角のくぼみに合わせて、下から外側に向かって走らせ、蝶の後翅（下の羽）の部分を作る。

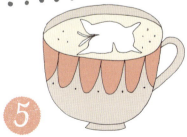

6 エッチングツールを下の2つの羽の内側あたりから内側に向かわせ、蝶のほぼ中心部まで走らせる。

5 カップの南東と南西の位置から、ほぼ中心と言えるところまでエッチングツールを走らせ、前翅と後翅を分ける。

エッチング

テディベア

この小さなテディベアはとにかく愛くるしい。
フリーポアとエッチング技術を取り入れたデザインは、
お子様向けのホットチョコレートに最適だ。

P42の①〜③の手順でソリッドハートを作る。デザインの角が注ぎ口と交差したら、頭の部分を描くために注ぐのを止める。

テディベア

2

形作ったデザインのくぼみ上にソリッドハートを作る。ただし、ベアの口元を描くため、ハートの尾っぽの部分は作らずに注ぐのをやめる。

3

スプーンでピッチャーからフォームドミルクをすくって頭部の上に置く。こうして耳を形作る。

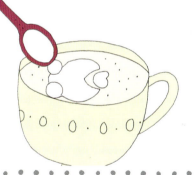

4

エッチングツールをカップの周囲の色の濃い部分に浸し、そのフォームを利用して、小さなドットを描いて目を作る。

5

同様の小さなドットを、耳の中心と鼻の中心部にも作る。

6

エッチングツールに付いている濃い色のフォームを用いて、鼻の下部分に線を走らせる。そして両はじを上に引き上げ、笑顔を作る。

必要なものは愛

そしてたくさんのコーヒー

AND LOTS OF
coffee

第5章
3Dラテアート

3Dラテアートは普通のコーヒーに驚きをもたらす。あなたもさっそく作ってみよう。まずは「シルキー」と「コース」のフォームドミルクの作り方を学び、次に形を作っていく。シロップを混ぜたフォームドミルクで小さな芸術品を仕上げよう。

3Dラテアート

3Dラテアートの
すべて

2D と 3D の大きな違いは、
その形状とミルクのフォームの性質の違いによる。
2D アートでは、小さくてキメが細かく滑らかな
シルキーフォームが使われる。
一方、3D アートでは大きくてかさばるが
軽量のコースフォームを用いる。

3Dラテアートのすべて

3Dラテアートで使われるコースフォームは軽量で、キメの細かいシルキーフォームより早く吸収される。このため、3Dラテアートは迅速かつ機敏に仕上げなければならない。作品の寿命は短い。世界でたった1つといっても大袈裟ではない。

シルキーフォームの作り方はP22に記されている。3Dラテアート作りで必要なコースフォームを作るには、ミルクをスチームする際に空気を多く取りこむこと。スチームノズルとミルクの間隔を通常より少し開けて、「シュッ、シュッ」という音が聞こえる程度にする。スチームした後、ミルクを攪拌して1分ほど置いておく。すると、ミルクが2層に分かれる。底にはミルクが沈み、上部には3Dラテアートに最適な軽くて固いコースフォームができる。

3Dラテアート作りに向いた器具もある。コーヒーの上にフォームを置いたり形を作ったりするには、複数本のスプーンがあるとよい。また、あらゆる類の楊枝(金属製または木製)は、ペンのようにラテの上で細かい箇所を描くのに適している。

3Dラテアート
ハローバニー

　このウサギの耳を作り上げるのは、なかなか難しいだろう。しかしフォームがなくならない限り、何回か練習できる。顔や耳の部分など必要な個所には、さらにフォームを足すことをお忘れなく。

ウサギの頭部を作るため、コースフォームをすくってカップのふちに置く。必要な大きさになるまで、さらに上からフォームを足していく。

耳を作るため、少量のフォームをすくって手順①の上に付け足す。細長い耳を作るのは少々むずかしい。支えるための土台を作ってから、耳を徐々に伸ばしていくとよい。

2

小さな球くらいの大きさのフォームを頭の横に置く。これでウサギが手を振っている様子を表現する。

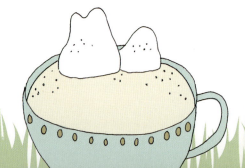

ハローバニー

4 ティースプーンを用いてフォームを伸ばし、耳の先端を細くする。

5 小さな長方形のフォームをカップの正面に着ける。こうすると、パーソナルなメッセージを書き込める。

6 チョコレートソースと赤のシロップに浸した楊枝で、耳の中などウサギの顔を細かく描く。そして、メッセージを加える。

3Dラテアート

アニマル・パーティー

　3Dラテアートと文字のメッセージを組み合わせたければ、最初に3Dの部分を完成させておくことが大切だ。なぜなら線を用いた作業はわずかの間でにじみ、溶け始めてしまうからである。この作品はイラストを描く工程が多いので、元となる形が決まったら良質なシルキーフォームでコーティングするのをお忘れなく。そうすれば、形状が長持ちして絵や文字が描きやすくなる。

スプーン2本を用いて、ミースフォームから動物の大まかな形を作り上げる。前方にスペースを残し、カップの縁に配置する。

形を崩さないように気をつけながら、スプーンを用いて動物たちをシルキーフォームで優しくコーティングする。

アニマル・パーティー

3

元となる形にコースフォームを載せ、スプーンで優しく整えながら耳や鼻を作っていく。

4

チョコレートソースと赤のシロップに浸した楊枝を使い、それぞれのキャラクターに目や口を描く。最後の仕上げにパーソナルなメッセージを添えよう。

3Dラテアート

クラシックカー

元となるコースフォームの上に、シルキーフォームのレイヤー（層）を重ねる――このコーティングにより、デザインのディテールを際立たせる美しい曲線ができ上がる。今回の作品は、このテクニックの練習に最適だ。

クラシックカー

 スプーン2本を用いて、大きめの長方形のパーツをコースフォームで作る。これをカップの中央に置いて車の土台にする。

 長方形の真ん中の部分にさらにフォームを載せ、車のフロントガラスや屋根を作り上げる。

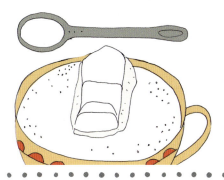

 今度は全体をシルキーフォームで覆い、ティースプーンの背の部分を用いて丁寧に自分の理想の形へと整えていく。

 チョコレートソースに浸した楊枝を使い、車のディテールを描いていく。タイヤや窓、そしてドアなど、好きなだけディテールを盛り込もう。しかし素早く作業を進めないと、フォームはすぐに溶けはじめてしまう。

3Dラテアート

昼寝するパンダ

フォームをたくさん使う場合は、まずこぼれないようにカップにコーヒーを少なめに入れること。このかわいらしいパンダのデザインはなかなかむずかしいかもしれない。なぜなら2頭のキャラクターに変化を加える必要があるからだ。また、色付けをする際にはカップに色がにじまないように気をつけなければいけない。

まずスプーン2本を用いて、カップの真ん中にすくったコースフォームを載せて整え、母親パンダを作る。

昼寝するパンダ

2 スプーンを慎重に使って、デザインをシルキーフォームでコーティングする。

3 手順①より小さくすくったコースフォームをデザイン上に載せ、赤ちゃんパンダを作る。その際に、母親パンダを動かさないように気をつけること。

5 チョコレートソースと赤のシロップに浸した楊枝を使って、パンダのディテールを描く。

4 赤ん坊パンダをシルキーフォームでコーティングする。

3Dラテアート
雪だるま

雪だるまの難関は、フォームを何層か積み重ねるところだ。
上の層の形を崩さないように、
2段目の層はしっかりとした土台にならなければいけない。
これがまたむずかしいのだ。

1
スプーン2本とコースフォームを用いて、カップの中央に雪だるまの土台となる小さな球を置く。

2
本物の雪だるまを作るように、この球を別のコースフォームの層で包んで胴体の部分を作ろう。

3
胴体の上にコースフォームで作った小さな球を載せて、頭の部分を作り始める。

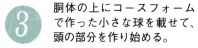

4
手順②を頭部でも繰り返し、形を作り上げるために新たな層を加えていく。

雪だるま

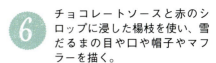

チョコレートソースと赤のシロップに浸した楊枝を使い、雪だるまの目や口や帽子やマフラーを描く。

ティースプーンを使い、上の球がやや三角形になるように優しく整える——これが雪だるまの帽子になる。

3Dラテアート
ボート

2Dのデザインにさらに深みを加えることで、2Dの造形がいっそう引き立つ。だからこそ両方の想像力を働かせて、美しいラテアートをカップに描こう。

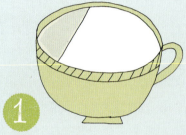

1 スプーンを使って、コーヒーの表面の2/3までシルキーフォームを広げる。

2 このエリアをブルーキュラソー・シロップで埋めつくし、海を作る。

3 茶色いエリアには、楊枝を使ってチョコレートソースでドットを加えて砂を表現する。

4 ティースプーン2本を用いて、コースフォームをひとすくい分カップの中央に置き、ボートの形を作る。

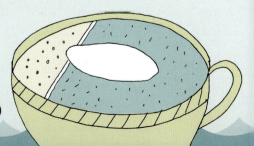

ボート

ティースプーンを使ってボートの形を整え、チョコレートソースに浸した楊枝でディテールを加える。ボートはあまり長い間形を保っていられないかもしれないので、この段階から素早く行うこと。

ティースプーンを用いてボートをシルキーフォームでコーティングし、表面を滑らかにする。もし白いフォームが青いエリアにこぼれても、シロップを足せば修復できる。

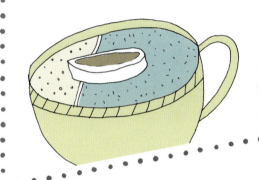

楊枝で海にフォームを加えて波を表現すれば出来上がり。

3Dラテアート

富士山

基本となる山の形を作るのはむずかしくない。
色付けの工程に集中して、美しい3Dアートを作り上げよう。

1 ティースプーン2本を用いて、コースフォームをカップの中央に置き、山の土台となる部分を作る。

3 カップのコーヒーを薄くすくって山にかける。作業中は、ティースプーンの背の部分を使ってフォームの形と位置を保つようにする。

2 シルキーフォームをピッチャーからスプーンですくい、山の上にかけてシルエットを滑らかにする。

富士山

4 スプーンで土台となる部分にブルーキュラソー・シロップをかけ、山に色を加える。

5 スプーンで山の上にフォームをひとすくい載せ、頂上の雪を描く。

6 楊枝をフォームに漬けて作品の斜面を優しくなぞり、山を下る曲がりくねった道を作る。

質問が何であろうと、答えはコーヒーである。

本書に写真を提供してくれたアーティストは下記のとおり（50音順）。

アエロラッテ　P 33
アラン・チャン（www.oneorigin.com.au）P11 上部左
イアン・チャグンダ（www.ianchagunda.com）P10 下部左
伊藤雄一（ベルコルノ）（www.belcorno.jp）P15 中央
エリック・アイセル（Shutterstock.com）P26
ジビ・リトル（www.jibbijug.com）P10 下部左
シメオン・ブリッカー（www.simeondavid.com）P11 下部左、P14 中央上部
シリワット・ウォンチャナ（Shutterstock.com）P60
ナウトゥ・スギ（instagram.com/Nowtoo）P15 下部右、P16、P17

ハッピー・モンキー（Shutterstock.com）P9
マイケル・ブリーチ（baristart.com）P12 中央左
松野浩平　P.12 右下部、P16 中央左
リー・タウンドロー（Getty Images）P95
hello/Stockimo/Alamy P28
Mr_Sonis（Getty Images）P37

すべて段階を経ており、記載のないその他の画像の権利はQuarto Publishing が有しています。ご協力いただいた皆様は、すべて記載してあるつもりですが、万一、欠落や誤った記載がありました場合、お詫び申し上げます。また訂正のご連絡を頂けば、再版の際に修正させていただきます。

A QUARTO BOOK
Copyright © 2016 by Quarto Publishing plc

www.quartoknows.com

All rights reserved.

Senior Editor: Victoria Lyle
Designer: Karin Skanberg
Illustrator: Ryn Frank
Photography: Jay Keywood, Daisuke Chiba
Art Director: Caroline Guest
Creative Director: Moira Clinch
Publisher: Samantha Warrington

ラブ　コーヒー
Love Coffee

発行日　2017 年 9 月 30 日　初版発行
著者　　ライアン・セーダー
　　　　松野浩平
翻訳　　アンフィニジャパン・プロジェクト
　　　　日本映像翻訳アカデミー
DTP　　株式会社 RUHIA
発行者　早嶋　茂
制作者　永瀬正人
〒 107-0052
東京都港区赤坂 1-7-19 キャピタル赤坂ビル
郵便振替 00150-1-19572
TEL 03-3560-9065
FAX 03-3560-9071
URL http://www.asahiya-jp.com

※許可なく転載・複写、ならびに Web 上での使用を禁じます。
※落丁本、乱丁本はお取替えいたします。
※定価はカバーに表示してあります。

Printed in China
ISBN 978-4-7511-1281-6 C2077